Disfrutando con los hilos de plata

Cuidar a las personas de la tercera edad es un privilegio divino

ANA ESTER ROQUE

EDITORIAL
IMPERIAL
CROWNED BY SUCCESS

Para otros materiales, visítanos en:
EditorialImperial.com

Publicado por **Editorial Imperial**
Miami, FL - Charlotte, NC. Estados Unidos de América

Editorial Imperial. Primera edición 2021
www.EditorialImperial.com

EDITORIAL
IMPERIAL
CROWNED BY SUCCESS

ISBN: 978-1-953689-23-8

Categoría: Crecimiento Personal / Autoayuda / Vida práctica / Inspiración

*"Siempre hay algo más
que podemos hacer por los Hilos de Plata,
si aportamos el arduo trabajo y
Dios nos da la sabiduría."*

Ana Ester Roque

Elogios

Ana es como su nombre que hace referencia a la gracia, la compasión y la misericordia. Sé que no solamente tiene un don de Dios en su vida; hay muchos dones de los cuales Dios la dotó para servir con devoción y nobleza a los demás y especialmente a los ancianos, los cuales Dios a puesto a su cuidado. Su vida es una vida productiva que da a luz el fruto de su trabajo.

Ana, transmito a usted las palabras que expresó el apóstol Pablo a los Gálatas: «No nos cansemos, pues, de hacer bien; porque a su tiempo segaremos sino desmayamos» (Gálatas 6:9). Siga adelante sirviendo y ministrando a Dios en el área en la que la colocó. Dios la seguirá sorprendiendo. Con mucho cariño y gozo en mi corazón por lo que Dios está haciendo en su vida. Ana, lo mejor está por venir.

Yanira Lopez
Pastora Iglesia de Dios Árbol de Vida, Fremont,
California

Ana Ester Roque, mi hermana en la fe, hay muchas cualidades en ti que sobrepasan el entendimiento humano. He visto cómo Dios es tu fortaleza en cada paso que das, porque le has dado el primer lugar en tu vida. Veo cómo te has superado y hasta dónde Dios te ha llevado. Me alegro por tus logros, eres una mujer valiente y perseverante, y tu belleza es tu gentileza por dentro y por fuera, como Proverbios 31:10 dice: «Sobrepasas a las piedras preciosas».

No te rindes ante las dificultades en tu vida, sino al contrario: te levantas con más ganas de seguir luchando, no solo por ti, sino por tu familia, demostrando así que en medio del luto o fracaso siempre hay un nuevo comienzo. Hermana Ana, que Dios siga llevándote a las cimas de las montañas y bendiga cada proyecto tuyo. Sigue adelante; que nada ni nadie la detenga; Dios va contigo.

Blanca Ramírez

Estimada Ana, fue un placer trabajar contigo durante el año pasado, en tiempo de pandemia. Esta pandemia nos ha enseñado muchas cosas, una de ellas es saber quiénes son nuestras estrellas brillantes, ¡y tú eres una de ellas! Mostraste coraje y osadía para trabajar en nuestro equipo. Fuiste una gracia salvadora, siempre estabas dispuesta a cubrir todos los turnos: mañana, tarde y noche. Tu flexibilidad en este tiempo de crisis del virus fue lo que nos ayudó a salir adelante. Tu equipo de trabajo y yo queremos agradecerte nuevamente por todo lo que has hecho para cuidar de nuestros residentes durante este tiempo sin precedentes. Hemos crecidos juntos como equipo y salimos más fuertes que antes. Eres una bendición para nuestros residentes y nuestra comunidad.

Jocelynn Ahnstrom
Directora de servicios para los residentes
Carlton Plaza San Leandro, CA

Ana, gracias por todo su arduo trabajo, gracias por ayudar a todos nuestros residentes, especialmente aquellos con COVID-19.

Geraldine Moguel
Enfermera vocacional
Carlton Plaza San Leandro, CA

Ana es una cuidadora que siempre está dispuesta a trabajar en cualquier turno, cualquier día, en diferentes áreas donde la necesitamos: (ADL) Asistencia diaria de vida, Unidad de la Suite 100, incluyendo Memory Care. Ana está muy atenta a los residentes. Gracias, Ana, por un buen trabajo.

Nancy Randhawa
Directora
Carlton Plaza San Leandro, CA

Ana tiene una buena actitud para aprender. Ella tiene un gran sentido del humor. Buena suerte con tu libro.

Monika Stelly
Residente de la comunidad de Carlton
Plaza San Leandro, CA

Con Ana realmente encuentras amor y compasión. Siempre tiene una sonrisa, las 24 horas del día, los siete días de la semana. Todos se sienten mejor incluso después de una pequeña cantidad de tiempo. Ella es luz del sol que calienta las almas de todos.

William Wagner
Residente de la comunidad de Carlton
Plaza San Leandro, CA

Agredecimientos

Estoy muy agradecida con mi Padre Celestial por darme sabiduría, y la ayuda del Espíritu Santo por darme el contenido para hacer posible el nacimiento de mi primer libro llamado: *Disfrutando con los hilos de plata*; y proveer todo lo necesario para hacer llegar a tus manos, mi apreciable lector, aun sabiendo que todavía no soy una autora reconocida. Pero estoy segura que el contenido llegará a tu corazón y tal vez un día tú puedas disfrutar, como yo, con los hilos de plata.

Gracias por poner en mi camino a Rebeca Segebre. Recuerdo el día miércoles, 16 de septiembre del 2020, a las 2:30 de la madrugada, cuando yo me encontraba trabajando, pero estaba en mis treinta minutos de descanso. Rebeca fue la persona que me inspiró y me dio el impulso para hacer realidad mi sueño de escribir y convertirme en autora, y es que como dice ella, ya estaba entretejido en mi corazón y en mi mente y solo faltaba escribirlo en papel.

A mi madre, por formar de mí la mujer que soy ahora de nunca rendirme ante las adversidades de la vida y luchar por mis sueños. Gracias, madre, por todos sus buenos consejos, por darme fuerzas cuando hice el viaje para los Estados Unidos, confiando en Dios y a sus oraciones porque sé que delante de la presencia de

Dios usted continúa intercediendo por mí y todos mis hermanos. Gracias por el hombre que eligió para ser mi padre terrenal; y sobre todo le agradezco porque usted nos alcanzó con sus lazos de amor para salvación.

No puedo dejar de darle gracias a Dios por mis hijas Elsa y Mirian, y por mis nietas Andrea, Rachel y Hadassa, y a mi bisnieta Eliana; a quienes yo llamo una bendecida generación de mujeres.

A todos mis doce hermanos —que no escribo todos los nombres porque son muchos—; pero en especial a ti, mi querido hermano Óscar, que has estado conmigo, apoyándome en cada momento de mi vida, y porque me ayudaste a emigrar. Fuiste como un padre para mis hijas, y al que yo lo nombre Representante de la familia, un título que te ganaste porque siempre estás dispuesto a ayudarnos.

Para todos, mis oraciones y que todos, un día, vengan a los pies de Jesús y alcancen la salvación por el infinito amor con el que nos ama.

Reconocimientos

Gracias al estado de California por las escuelas que nos ayudan a aprender inglés. En especial al City College San Francisco, que el 2002 me ayudaron a obtener el GED, que es para dar equivalencia a mis estudios del bachillerato en mi país.

A la Adult New Haven School, en la ciudad de Union City, por enseñar inglés y dar entrenamientos gratis para ayudar al bienestar de las personas mayores y las personas con habilidades especiales.

A mi instructura, Karen Young, que me enseñó las buenas cualidades de una cuidadora de los hilos de plata.

A Cheresea Holland, por darme la entrevista y la primera oportunidad para trabajar por tres años en Silverado Memory Care en Belmont, California, aun cuando sabía que no tenía experiencia práctica, sino solo el conocimiento teórico.

A mis compañeros de Silverado Memory Care, por toda su paciencia para enseñarme a hacer bien mi trabajo y alegrar los corazones de los hilos de plata.

A la directora, Nancy Randhawa, y ahora mi jefa, Jocelynn Ahnstrom, y Roxxane Yurong, por la oportunidad de la entrevista de Carlton Senior living por la segunda oportunidad de trabajo. Y a todos mis compañeros de trabajo porque he aprendido mucho con ellos.

Contenido

Prólogo

Tengo el privilegio de honrar a una maravillosa mujer: Ana Ester Roque, para que así conozcan más de ella. Es quien me dio la vida y por ella he aprendido mucho de lo que ahora conozco; lo que soy es por su buena crianza, sus cuidados, su guía, sus valores, la educación del hogar y profesional y los buenos consejos que no han faltado desde pequeña.

Mi mamá me ha enseñado y demostrado lo valiosa que es una mujer. Ella es mamá soltera de dos hijas, quedó viuda muy joven por la Guerra civil en nuestro país, El Salvador. Nació en un hogar conformado por doce hermanos con muchas necesidades, con pobreza y sin oportunidad de estudiar; a los dieciséis años se convirtió en mamá por primera y tuvo otra hija a los veinte años. Un día de repente recibió la triste noticia de que era viuda a sus 21 años. Vivió muchas circunstancias difíciles, mas decidió salir adelante; pues nunca se rindió ante la pobreza, el luto, y menos por la guerra. Dejó el pueblo donde nació, buscando oportunidades en la capital en San Salvador. Recuerdo bien que a mis cinco años, todas las mañanas nos levantaba a bañarnos en el cuarto de un mesón (vecindad) que rentaba con su hermano, mi tío Óscar. Ella nos peinaba y alimentaba y luego dejaba a mi hermana en la escuela y a mí a la guardería.

Ella poco a poco fue abriéndose camino en mejores trabajos y buscando cómo sobresalir; estudió de noche y terminó su bachillerato. Con su inteligencia y perseverancia llegó a trabajar en una muy buena compañía. Ella nos brindaba todo lo que podía, nos disciplinaba muy bien; y recuerdo su frase a la hora de repasar las tareas: «Yo no les voy a dejar dinero, por eso deben estudiar; aprovechen el estudio».

Mi mamá es alguien que valora mucho la educación profesional; y que ciertamente le ha traído fruto ese concepto, por eso está dando este paso tan bonito y tan importante de escribir su primer libro. Entre sus logros profesionales están: certificado de corte y confección, diploma de GED, diploma en computación, diploma en liderazgo eclesiástico, diploma en cursos de inglés y diploma de cuidadora de personas de la tercera edad; ahora tiene un diploma de liderazgo en la comunidad de Mujer Valiosa; ¡y espero próximamente otro diploma!

Le doy las gracias por todo lo que nos ha dado, pues si llegamos hasta aquí, hasta los Estados Unidos, fue por ella, después de la bondad de Dios. Ella que es una mujer valiente, que ama la vida, que ama a Dios; por ella también lo amamos a Él las dos hijas, tres nietas y una bisnieta.

Gracias, mamá, por enseñarnos que las mujeres somos valiosas, que podemos tener fortaleza, que tenemos la fe para lograr metas y sueños —aun en medio de las circunstancias difíciles—, y que no hay edad para seguir dando frutos.

Es un honor para mí, como tu hija, saber que logras una alegría más en tu vida, que Dios te ha bendecido tanto con este libro, y que toda esa sabiduría quedará impresa en estas páginas. Eres mi orgullo. Bendigo tu vida, mamá, y sé que tu libro tocará muchos corazones y muchas mentes, empezando por mí, para que tratemos muy bien a aquellos hombres y mujeres que en su juventud también cuidaron por nosotros.

Gracias, mamá, por seguirme enseñando.

Te amo,

Rosa Mirian Roque

Introducción

Hace cuatro años, una noche nació en mi corazón la inquietud por escribir este libro, el cual nunca comenzaba porque tenía muchos títulos, pero sentía que no eran los que Dios quería. En el 2020, un día cuando desperté, llegó a mi pensamiento el texto de Proverbios 20:29 que dice: «La gloria de los jóvenes es su fuerza, y la honra de los ancianos son sus canas» (NVI); y sentí en mi corazón que ese sí era el título, y así nació *Disfrutando con los hilos de plata*. Y es porque cuando se llega a la vejez aparecen las canas. Recuerdo que mi abuela materna me decía muy alegre que sus canas eran hilos de plata.

Ahora puedo dar testimonio de cómo Dios cumple su propósito en mí; soy afortunada de dar asistencia diaria a las personas que tienen la bendición del Creador de vivir muchos años de vida, y cuyos hermosos cabellos se han pintado de hermosos de hilos de plata.

Dios nos cambia los pensamientos y los planes, y los de Él siempre son mejores que los nuestros.

Solo puedo darle gracias a Dios por poner en mí el querer como el hacer, y ayudarme a vencer cada obstáculo con el que me encontré, y salir extraordinariamente bendecida y triunfante.

Nunca pensé cuánto Dios me iba a enseñar con esta nueva oportunidad de ser más agradecida y valorar la vida, además de *Disfrutar con los hilos de plata*.

CAPÍTULO I

Cómo llegó esta oportunidad

La oportunidad llegó en julio del año 2014, envuelta en toda una inmensa bendición; pero la verdad esto lo descubrí después que tome la decisión de tomarla y confiar en Dios que me daría la sabiduría y la capacidad para perseverar.

Estaba estudiando inglés, nivel intermedio, en la escuela de adultos en Union City, California. Recuerdo llegaron al aula dos señoras en donde yo estudiaba, sus nombres eran Michelle Walker y Karen Young. Luego que se presentaron hablaron de un programa de entrenamiento que se llama Residential & In-Home Care Training, y era para dar asistencia diaria personas mayores y con problemas de Alzaimer, y a niños con autismo, síndrome de down y parálisis cerebral.

El curso era completamente gratis y nada más requería del compromiso de estudiar cuatro días a la semana, seis horas diarias, por seis meses; pero las clases iban a ser en inglés, y también debíamos comprar algunos libros para estudiar. La que iba a dar las clases nos dijo que nos darían un certificado al final del entrenamiento y era una buena oportunidad porque hay mucho trabajo en esas áreas. Solo era el momento de tomar la decisión y anotar nuestro nombre en la lista y esperar la fecha de inicio.

Mis pensamientos en segundos se tornaron ambos positivos y negativos, pues la oportunidad era bastante buena, pero las excusas de siempre llegaron: el idioma y el tiempo; pero gracias a Dios que desde que llegué a este país fui a la escuela para aprender un poco de inglés y en ese momento ya estaba en el nivel intermedio, y había obtenido el GED, un diploma de equivalencia de graduada del bachillerato en mi país, y este era un requisito para comenzar el entrenamiento. Además, era gratis. Así que valió más lo positivo y anoté mi nombre en la lista, y vi que había pocos participantes, pero no habían pasado a todas aulas de clases, y dije dentro de mí: «Yo hago lo posible y mi Padre Celestial hace lo imposible»; sin saber que estaba entrando al camino de una inmensa bendición que Dios me había preparado; pero también estaba consciente de que no sería fácil, mas mi confianza es que con Su guía saldría en victoria.

Doy gracias a Dios porque no dejé escapar esta bendición. Ahora solo pienso todo lo que iba a perder: primero es que haciendo mi trabajo encontré a una comunidad que considero como familia y disfruto con los hilos de plata; segundo, escribir mi primer libro; y tercero, que dando asistencia a estas maravillosas personas es como Dios a su vez, suple mis necesidades básicas.

Así que ahora puedo decir que me siento dichosa, que Dios me dio el valor para terminar y ahora ver los frutos.

Recuerda que nuestra fe va de la mano con la acción.

CAPÍTULO II

No dejé escapar la bendición

Creo que muchos de mis lectores están de acuerdo conmigo en que los latinos que vivimos en EE.UU. nos enfrentamos con el mayor obstáculo y es nada más y nada menos que el idioma; y por esta razón dejamos escapar oportunidades que llegan a nuestras vidas que son regalos enviados del cielo para bendecirnos.

En lo personal, desde pequeña me gustaba estudiar, aprender cosas nuevas. Gracias al consejo de mi madre que me repetía hasta el cansancio: «Aprende todo lo bueno y lo honesto que puedas hacer, porque un día en la vida se te puede presentar la oportunidad de ponerlo en práctica»; y con los años de vida que tengo me doy cuenta que no hay edad para dejar de aprender.

Cuando estaba en la fuerza de la juventud dejé mis estudios básicos por falta de recursos económicos, y nada más terminé el octavo grado; esto trajo mucha desilusión porque yo anhelaba graduarme, pero no fue posible. Comencé a trabajar para ayudar a mis padres con mis ocho hermanos pequeños, porque era la tercera de las hermanas mayores y en mi país es parte de la cultura que los hijos mayores ayuden con los hermanos menores.

Luego conocí a la persona, que después fue el padre de mis hijas, y todo cambió. Pasaron muchas cosas, pero una de las más fuertes es que enviudé aun siendo muy joven: asesinaron a mi esposo en la Guerra civil en El Salvador; y solo el consuelo y las fuerzas que Dios me dio me ayudaron a superar esta etapa, porque para ese tiempo no conocía ni sabía que yo tenía a un Padre Todopoderoso que cuida de las viudas.

Por motivos de seguridad, me fui del pueblo donde había nacido y me mudé a la capital de mi país. Encontré una guardería para el cuidado mis hijas, pues no tenían la edad suficiente para ir a la escuela. Por medio de mi trabajo tuve la bendición de conocer a Gertrudis Pineda, ella me aconsejó y me impulsó para continuar estudiando por las noches y trabajar de día; me ayudó muchísimo para buscar una escuela para graduarme como secretaria comercial y no pagar mucho. Esa fue una meta realizada después de cinco años de mucho sacrificio, pero con la ayuda y gracias a Dios, pude lograrlo.

A lo mejor te estás preguntando por qué escribo una parte personal de mi vida —y esto no es todo, hay mucho más qué contar de mí— y es que muchas veces dejamos que nos gane el temor al futuro, o porque vivimos unas temporadas difíciles ya no nos atrevemos a mirar hacia adelante y nos quedamos estancadas, y esto trae otros efectos como la depresión: nos sentimos víctimas del destino, y en casos extremos hasta nos lleva a pensar en el suicidio; pero creo es por desconocer el amor y el cuidado de Dios que a veces no pasamos la página de los malos momentos. Cuando terminaba de escribir esta parte recordé una estrofa de una canción viejita de Joan Manuel Serrat que se llama Caminante no hay camino, y dice así:

Caminante, son tus huellas, el camino y nada más,
caminante, no hay camino, se hace camino al
andar,
al andar se hace camino
y al volver la vista atrás se ve la senda que nunca se
ha de volver a pisar.

Lo incluí porque es una gran verdad, mi estimado lector, así que te animo a caminar en fe para hacer caminos y dejar tu huella, pero sin volver atrás; y solamente voltear para mirar la senda que no se volverás a pisar y agradecerle a Dios porque Él ha caminado contigo en los desiertos, las tormentas y los momentos difíciles de tu vida.

Dios nos pone el querer como el hacer, puesto que el querer es un sentimiento que te lleva a tomar la decisión de hacerlo; pero nadie más lo puede hacer por ti. Así que, con la ayuda de Dios y mi esfuerzo, terminé el entrenamiento. Yo estaba sorprendida porque había pasado los exámenes, pero ¿y ahora?, ¿continuaría caminando o me quedaría solo con los conocimientos y daría el siguiente paso?

Reflexionando

....

....

....

....

....

....

....

....

....

....

....

....

....

....

....

....

....

....

CAPÍTULO III

Siguiente paso

Con la ayuda de Dios terminé el entrenamiento, e hicieron una graduación, a la que asistió mi maestra, Karen Young. Ella me abrazó, y me dijo al oído:

—Corre, corre y ve a buscar un trabajo de cuidadora porque vas hacer un excelente trabajo.

Me sorprendieron sus palabras; pero en mi pensamiento dije: «Yo no lo creo», pero creo que Karen tenía una boca de profeta.

Nos despedimos todas mis compañeras un día jueves; y a mi mente venían aquellas palabras de mi maestra, y aunque no creía mucho, intenté dar el siguiente paso. Busqué oportunidades de trabajo como cuidadora, y quedé sorprendida porque habían muchas ofertas de trabajo en esta área; pero no tomaba una decisión, tenía temor y tenía dudas de mi capacidad para desempeñar este trabajo como se debe hacer; era algo que nunca había hecho antes, casi siempre fui vendedora de mostrador o cajera de tiendas, y con todo lo que había visto en los videos y las clases, no tenía el valor para dar primeros auxilios para practicar la resucitación a alguien en caso de ser necesario.

El último lunes de enero de 2015, vi en Internet que iban a dar entrevistas el miércoles de la misma semana, solo había que reservar la hora; y fue como una fuerte confianza dentro de mí que me habló y me dijo: «Vamos a hacer la reservación porque esta puerta de gran bendición se va abrir, solo ve y confía en tu Padre Todopoderoso, quien ha cuidado de ti desde que estabas en el vientre de tu madre». Con esa promesa, hice la reservación y partir de ese momento le oraba a mi Padre Celestial:

—Yo voy con Su favor y Su gracia; y si usted me hizo ir por este camino, usted sabe lo mejor, yo voy a esperar ese día confiada para tocar la puerta.

Reflexionando

....

....

....

....

....

....

....

....

....

....

....

....

....

....

....

....

....

....

CAPÍTULO IV

Dios abrió la primera puerta

Promesa cumplida, oración contestada; pero esto apenas comenzaba, había mucho que camino que recorrer, mas sabía que de la mano de Dios todo es posible. Recordando las palabras de mi maestra Karen, fui la entrevista. Llegué un poco tarde porque no soy buena manejando y escuchando el GPS al mismo tiempo, pero al fin llegué. Yo llevaba mi folder con todos mis papeles y lo más importante: mi currículum actualizado y mis certificados.

Lo dejé en la entrada, con la secretaria, y observé que había cinco personas entrevistando; una era de Filipinas, tres personas blancas y una morena. En silencio dije: «Ayúdame, Dios, a fluir en el inglés que he aprendido», mientras esperaba mi turno para la entrevista.

Como a los diez minutos apareció una señora bien alta, de piel oscura, que usaba un hermoso vestido color verde, y me llamó por mi nombre.

Mis nervios se me alteraron porque la verdad que siempre me pongo nerviosa en las entrevistas de trabajo. Pero como Dios todo lo prepara, el color del vestido me recordó que era el color favorito de mi madre, y con esto se calmaron un poco mis nervios.

Vi que tenía mi folder en las manos, lo reconocí porque siempre llevo un folder diferente a los comunes que son amarrillos, el mío era de plástico de color verde, qué coincidencia, ¿no? Ella vino a mi encuentro y me regaló una hermosa sonrisa, luego me llevó al escritorio.

Hago este paréntesis para recomendar que siempre regalemos una sonrisa, como dice el dicho: «Una sonrisa no cuesta nada, pero vale mucho para quien la recibe».

La sonrisa que ella me dio fue muy alentadora para mis nervios pues desaparecieron. La entrevistadora era Cheresea Holland, y le dije:

—Qué bonito vestido, me encanta el color verde.

Ella volvió a sonreír y me dijo:

—Ya me di cuenta.

Leyó mi currículum, y cuando terminó me hizo esta pregunta:

—¿Por qué quieres trabajar ayudando a personas mayores con problemas de demencia? Estoy leyendo tu currículum y tus trabajos anteriores son completamente diferentes.

Y esto era cierto, mi experiencia de trabajo era en el área de ventas y como cajera de tiendas. Respiré profundo y mi Creador me dio estas palabras para contestarle con seguridad:

—Es verdad que mis trabajos han sido diferentes; pero estoy aquí porque creo que Dios me ha mostrado este nuevo camino. Como puede ver, tengo mi certificado con los conocimientos teóricos, mas la única experiencia práctica que tengo es que hace cinco años cuidé a mi madre en su etapa final de diabetes.

Entonces ella me miró profundamente a los ojos y me dijo con una sonrisa:

—Bienvenida a nuestra comunidad. No te preocupes, nosotros te vamos a enseñar todo y tu serás una buena cuidadora.

Me sorprendieron sus palabras, no solo porque me estaba diciendo que me daba la oportunidad de este trabajo, sino porque sus últimas palabras eran las mismas que me había dicho mi maestra Karen. Luego me dijo:

—Ven este viernes a las 10 a.m. a la comunidad en Belmont, California, para el siguiente paso: llenar todos los papeles.

Aquel día llegué media hora antes, llené todas las formas, y con la ayuda de Dios aprobé el examen que había que hacer en inglés; luego me dieron los papeles para tomarme las huellas de las manos y la prueba de la tuberculosis; y me dijo:

—En cuanto recibamos tus resultados, si todo está bien, te vamos a llamar para que comiences a trabajar.

Salí de aquel lugar como si estuviera en las nubes, le di las gracias a Dios por su fidelidad y su promesa cumplida, porque Él me dijo: «Voy estar contigo guiándote paso a paso». No me queda duda de que Dios no es hombre para mentir porque para el 9 de febrero del 2015, entré por esa puerta abierta para empezar un nuevo camino de retos y desafíos.

No sabía que en el primer mes de trabajo estaría a punto de tirar la toalla.

Reflexionando

CAPÍTULO V

Casi tiré la toalla

Solo esperaba la última prueba para descubrir si mi maestra Karen y la que me entrevistó, Cheresea, tenían palabras proféticas cuando me dijeron que yo iba ser una buena cuidadora. Comencé mi primer día de trabajo, y recuerdo muy bien a la persona que me iba a enseñar: Indra Phombo, ella era una mujer que hace muy bien su trabajo, y lo primero que le dije fue:

—No tengo experiencia práctica, solo conocimientos teóricos.

Ella me respondió con sinceridad:

—Bienvenida a Silverado. Este trabajo es difícil, pero vas aprender hacerlo bien.

Yo observaba cómo ella ayudaba a los señores, con amor, paciencia, amable. La admiraba por su trabajo eficiente, aprendí mucho con ella; mas un día fue suficiente para saber que este trabajo era una ardua labor. Como coincidencia, tiempo después, mi último día de trabajo en Silverado también me toco con Indra. Ella me dio una despedida con palabras bonitas, dijo que le gustó conocerme, que hice un buen trabajo, y que lástima que me iba porque yo era una buena cuidadora.

También aprendí con Folole Mounga, ella está muy capacitada para dar asistencia a los hilos de plata. Soy honesta, cuando terminé mis quince días de entrenamiento creía que no iba a poder hacerlo sola, porque darles Asistencia Diaria de Vida (ADL, por sus siglas en inglés) es ayudarlos a bañarse, lavarles los dientes, vestirlos, limpiarlos de las necesidades del baño, cambiar su ropa interior, en algunos casos ayudarles a comer, pasarlos de la silla de ruedas a su cama o viceversa. Es bastante triste ver los casos de diagnóstico de Alzheimer porque tienen cambios de conducta: se ponen ansiosos, lloran, tienen crisis de agresividad, hay que aprender a guiarlos y algunos ya no se pueden comunicar verbalmente. Además, que había que llenar unas formas al final del turno.

Un día me ayudó mi nuevo compañero de trabajo, el joven César Natividad, él era muy bueno ayudando a los hilos de plata. Después de la ayuda y las fuerzas que Dios me dio, César fue como un ángel que me alentó a no tirar la toalla. Recuerdo que él me preguntó:

—¿Eres nueva? ¿Cómo te sientes?

Sentí que tenía que ser sincera y le contesté que apenas tenía un mes, pero que no estaba segura de continuar porque era mi primer trabajo como cuidadora y que tenía muchas cosas que aprender. Él me contestó:

—Tranquila, lo estás haciendo bien y eso que solo tienes un mes. Creo que un mes más lo vas hacer mucho mejor.

Sus palabras alentadoras me llenaron de fe y esperanza para seguir; y cuando me di cuenta ya habían pasado los noventa días de prueba que dan para quedarse permanente con el trabajo.

Gracias a Dios porque me da la sabiduría, el amor y la bondad para hacer cada día lo mejor.

CAPÍTULO VI

Noventa días suficientes

Prueba superada con la ayuda de Dios. Había terminado los noventa días, ¡no lo podía creer! Fue hasta entonces que comprendí por qué es que te dan tres meses de prueba, y es para saber si estás capacitado para ayudar a los hilos de plata. Estaba sorprendida de todo lo que había aprendido, pero más aún porque ya los miraba como parte de mi familia; sin darme cuenta aprendí amarlos, hacerlos sonreír, a mirar siempre por su bienestar; y cuando tenía mis días libres, los extrañaba.

Soy tan afortunada de recibir las bendiciones de los hilos de plata, cuando me dicen que soy su ángel porque les ayudo. Me agradecen por ayudarles, antes de la pandemia me daban un abrazo, un beso o me decían:

—Dios te cuide cuando vas para tu casa.

O me preguntaban:

—¿Vas a venir mañana?

Les gusta compartir generosamente conmigo un dulce, una fruta y hasta una flor, todo lo que recibo de ellos es de gran valor para mí, y no es en dinero, sino que me han enseñado que no importa la edad ni lo que tengas para compartir con los demás. A su edad todavía regalan sonrisas bonitas, y ahora me doy cuenta que no hay edad para sonreír. Como leí una vez que «La sonrisa es el sol que disipa las nubes de la cara humana; y sonreír no añade años a la vida, pero sí mucha vida a los años».

Reflexionando

....

....

....

....

....

....

....

....

....

....

....

....

....

....

....

....

....

....

CAPÍTULO VII
Necesitan al excelente cuidador

Sí, las personas de la tercera edad necesitan a su lado a un excelente cuidador, al que está dispuesto a cuidarlo con el amor de Dios. Jesús me recuerda todos los días de practicar la regla de oro que dice en Mateo 7:12: «Así que todo lo que quieran que la gente haga con ustedes, eso mismo hagan ustedes con ellos». Ninguno de nosotros vamos a estar siempre jóvenes y la vejez llegará un día para todos, incluyéndome, ¿y cómo nos gustaría que nos traten? Creo todos queremos que nos traten con el amor de Dios, el amor *ágape*, que implica:

Amor: Buscando siempre el bienestar para lo demás.

Gentileza: Con buenas maneras y consideración.

Afecto: Hacer que quienes nos rodean se sientan amados.

Paciencia: Para ayudarlos y escucharlos con atención.

Esmero: En el cuidado y dedicación en la asistencia.

Pienso que a todos nos gustaría que nuestros padres, abuelos, hermanos, tíos, encontrarán personas bondadosas para darles el mejor de los cuidados. Si te dedicas, así como yo, a hacer este servicio, hazlo con amor, paciencia, y bondad, porque solo así llegarás a disfrutar con los hilos de plata. No tengo palabras para describir lo bendecida que soy al ver los frutos de ayudar a estas maravillosas personas porque justo en este mes de octubre 2020 me nominaron en Carlton Senior Living como *The best of the best* (Lo mejor de lo mejor).

Y como escribí al principio, cuando Dios me mostró este camino, nunca imaginé tener reconocimientos que a lo mejor para algunos significa nada; pero para mí tiene mucho valor porque esto me dice que estoy haciendo un buen trabajo, y no para el hombre sino para Dios, porque dice su promesa (Salmos 84:11): «El Señor no negará ningún bien a quienes hacen lo correcto». Es Dios quien me ha enseñado a tratarlos con amor, respeto y dignidad, y crear para ellos un ambiente de confianza para que puedan sentirse seguros.

Estimado lector, por algún propósito estás leyendo mi libro. A lo mejor piensas, como yo pensaba hace cinco años atrás, que nunca iba a dar asistencia a los hilos de plata; pero a veces necesitamos descubrir los talentos y habilidades que Dios nos ha dado, y para eso tenemos que dar pasos para hacer camino y dejar nuestra huella.

En algún libro leí que un hombre caminaba por la playa y recogía estrellas del mar y las tiraba al mar. Otro hombre lo observó y le preguntó con curiosidad:

—¿Qué hace?

El hombre le dijo:

—Recogiendo estrellas de mar y regresándolas a la playa, porque sino van a morir por falta de oxígeno.

El otro hombre, asombrado, le respondió:

—Pero son muchas, ¿usted cree que de verdad es importante hacer esto?

El hombre sonrió, tirando otra estrella al mar, y dijo:

—Para esta, sí que lo es.

La lección es que muchos creen que el trabajo que realizan no es importante, lo hacen para suplir sus necesidades, pero no lo valoran, no lo aprecian, y no pueden ver las bendiciones que vienen como recompensas.

Al principio, yo no podía entender por qué las familias no podían cuidar a los hilos de plata, y un día Dios me mandó la repuesta: «Es difícil entenderlo, pero gracias a que ellos pueden pagar este servicio, ahora no te hace falta trabajo»; y es cierto. Tengo una pregunta para ti, apreciable lector, ¿disfrutas de tu trabajo? Si tu repuesta es «sí», muy bien, te felicito; pero si es «no», sigue buscando hasta descubrir qué es lo que te apasiona y lo vas hacer excelente porque lo vas a disfrutar. Dios siempre tiene bendiciones para ti, pero te las manda en oportunidades.

Hace mucho tiempo daban un anuncio por televisión de una estilista ya no tan joven, y le preguntaban:

—¿Te gusta tu trabajo?

Y ella contestaba así:

—Pues es lo que he hecho toda mi vida. —Con una cara de no estar feliz haciendo aquel trabajo.
Luego le decían que todavía podía aprender algo, y que ella no creía.

Soy testimonio de que siempre tenemos más dentro de nosotros, pero debemos ser diligentes, tener iniciativa y no dudar de nuestra capacidad.

Reflexionando

....

....

....

....

....

....

....

....

....

....

....

....

....

....

....

....

....

CAPÍTULO VIII

¿Qué es lo más difícil?

A menudo me preguntan qué es lo más difícil de cuidar a los hilos de plata, ahora te cuento qué es.

Es verdad lo que dice la Palabra de Dios en Eclesiastés 3:2: «Hay tiempo para nacer y tiempo para morir»; sé que esto es muy cierto porque he vivido momentos de luto desde muy joven: mi esposo falleció a los 24 años, mi hija a los dos, mi nieto a los tres meses, mi nieta a los diez, mi madre a los 71 años y mi abuela materna a los 76 años. Con la ayuda de Dios he superado cada momento de duelo, pero honestamente esta sí es la parte más difícil para mí; y es que verlos dar su último respiro de vida no es nada sencillo, y la primera vez que me tocó vivir este momento creo que fue cuando tenía dos meses de estar trabajando, y fue con una señora de origen italiano.

Ella casi nunca quería comer su cena en mi turno de trabajo, solo tomaba jugo o agua. Un día. como todas las tardes, entré a su cuarto para ofrecerle de comer; ella estaba sentada en su silla preferida; y para mi sorpresa, me dijo que sentía olor a pizza y si de casualidad habían dado pizza para la cena. Le dije que regresaría para traerle su pizza; era la primera vez que me había dicho que quería comer, así que le llevé su plato con dos pedazos grandes de pizza. Cuando se los di en sus manos, me dijo bien alegre:

—*Buonissimo, grazie.*

Y hasta me mandó un beso al aire. Yo estaba sorprendida, pero a la vez muy contenta porque ella iba a cenar. Al rato regresé para ver si había comido toda la pizza, le pregunté si quería más y me contestó que no. Luego volví con ella para cambiarle su ropa y ponerla en la cama para dormir. Terminé mi turno a las 11:30 de la noche y regresé al día siguiente a mi turno regular a las 3 de la tarde; pero nos dieron la triste noticia que ella había sufrido de algo era grave: estaba con oxígeno. Ella tenía más de ochenta años, y a esa edad en cualquier momento les puede dar algo que afecta mucho la salud. Se veía muy mal, pero nunca imaginé que en dos días ella terminaría su viaje por la tierra.

Esa fue mi primera experiencia difícil al ver fallecer a la señora que dos noches antes había cenado pizza, muy feliz. A las 10 p.m. ella dio su último respiro de vida. No podía evitarlo, mi corazón se conmovió y las lágrimas brotaron de mis ojos. Todos mis compañeros estábamos en el cuarto de la señora italiana que ya había partido de esta tierra. Sentía un nudo en la garganta y me sentía triste. César se me acercó y me preguntó al oído:

—¿Es la primera vez que ves que un residente fallece?

Le contesté que «sí», y él me dijo:

—Por eso te ha afectado.

Pero no creo que era porque era primera vez, porque hasta hoy, cuando me toca ver fallecer a un hilo de plata, no puedo dejar de sentirme triste y que broten lágrimas de mis ojos. Por eso considero que la parte más difícil de mis tareas como cuidadora de los hilos de plata es decirles adiós.

Nunca imaginé que el 2020 vendría una pandemia y que primero amenazaría de muerte a los más vulnerables: los hilos de plata. Claro que después fuimos testigos de que el peligro era para todos, pero tuve que escribir acerca de esta temporada del temor al virus y cómo nos cambió la vida. Pero como todo en nuestras vidas, también tiene su lado bueno y su lado malo.

CAPÍTULO IX

Lo bueno y lo malo de la pandemia

Como dije antes, todas las circunstancias de la vida tienen dos lecciones: un lado bueno y otro malo. Primero quiero decirte lo bueno que trajo la pandemia para mi vida. Lo primero es darle gracias a Dios por escuchar nuestras oraciones, vimos su manto de protección divino para toda mi familia y esto incluye a mi papá, mis hermanos, mis sobrinos, mis hijas y nietas, aunque a casi todos mis hermanos se contagiaron del virus en mi país, Dios les guardó la vida.

Segundo, gracias a que no todos los cuidadores estaban dispuestos a trabajar con los hilos de plata contagiados, yo pude trabajar más horas de lo regular. Tercero, me sentí especial porque descubrí que no soy una extraña para ellos; aun cuando usaba la mascarilla en la boca, la máscara de plástico que cubre todo mi rostro y el gorro en mi cabeza, los hilos de plata me decían que sabían que yo era porque conocían mi voz. Una hermosa señora me dijo:

—Es duro para ti usar muchas cosas en tu cara para trabajar, pero reconozco que eres mi ángel, por tu dulce voz.

Cuando la escuché, le di las gracias por sus bonitas palabras, y mis ojos se llenaron de agua.

Cuarto, Dios ponía en mi boca palabras alentadoras de fe, esperanza y paz para darles ánimo; porque si para nosotros fue un cambio drástico, para ellos fue mucho más. Notaba sus rostros asustados y angustiados; ellos sabían lo que estaba pasando —porque pueden mirar las noticias en la televisión—, y luego las restricciones que se hicieron de cancelar visitas de sus familiares, los clubes para socializar, y porque ya no podían comer en el comedor que es para todos.

Quinto, oraba mucho más por toda mi familia, incluyendo los hilos de plata, por todos los lugares donde residen, y sobre todo para que Dios nos mostrara una vez más su misericordia infinita y cuidara de todos.

Sexto, vi los milagros que Dios hacía con los hilos de plata que se recuperaban del virus, incluso con una persona que tenía 107 años que sobrevivió, y así confirmar que no es lo que el hombre o la ciencia dice, sino la voluntad de nuestro Creador la que siempre permanece.

Séptimo, debido a la pandemia tenía más contenido para escribir en mi libro.

A pesar de que en mi trabajo tomaron todas las medidas de higiene y precaución, la realidad de la pandemia llegó a la comunidad y la primera persona infectada fue una señora de 107 años, y a quien dos noches antes de dar positivo, yo había dado asistencia. Inmediatamente me hicieron la prueba de la COVID-19, y gracias a la perfecta voluntad de Dios, salí negativa. La señora fue al hospital, y a la semana regresó a la comunidad. Allí comenzó todo lo difícil porque muchos de los cuidadores estaban asustados, unos pidieron vacaciones, otros renunciaron, porque luego apareció otro hilo de plata contagiado, y nos preguntaban si estábamos dispuestos a trabajar con las personas contagiadas. El virus se hizo presente en la comunidad. Mi jefa preguntaba a los cuidadores si estaban dispuestos a trabajar con los contagiados, ella me dijo que no le tenía contestar en ese momento, pero le dije que «sí» al instante, porque ahora más que nunca confiaba en Dios que me guardaba en el hueco de sus manos, a pesar que esos días recibía noticias de mis hermanos que estaban enfermos del virus en mi país; pensaba que si los hilos de plata estaban enfermos del virus ahora era cuando más necesitaban de la asistencia de los cuidadores.

Dios siempre nos prepara, una muestra es que en enero del 2020 había tomado la decisión de comer más saludable y tomar jugos verdes naturales hechos en casa, tomar infusiones o té con hierbas como moringa, cúrcuma, sábila, manzanilla, perejil, hierba buena, hojas de limón, etc. Cuando mis hermanos me decían que estaban enfermos, yo les aconsejaba tomar té de hojas naturales y hacerse también los vapores con hojas de eucalipto, hojas de limón y manzanilla; y gracias a Dios, todos sobrevivieron, y por eso hermano César me llamó *La doctora naturista*. Me da gusto que me digan así, pero esto se lo debo a mi madre de quien recuerdo que nunca nos llevó a un doctor —por falta de recursos económicos— y nos curaba con medicinas naturales. Recuerdo que una vez a mi hermano Cesar le picaron muchas abejas de un panal que estaba en un árbol de fruta que él cortaba para que mi madre las llevara a vender al mercado y así traer comida para nosotros; él tenía su cara llena de aguijones de las abejas y bien inflamada, ¿y sabes cómo mi madre lo curó? Machacó hojas de tabaco, ajo y le agregó alcohol, y le puso como compresas y mi hermano al rato ya estaba como si nada le hubiera pasado.

En las manos de Dios está el aliento de vida y creo firmemente en sus milagros de sanidad. Gracias a la misericordia de Dios, aun ayudando a los contagiados, no he contraído el virus; pero me entristece despedir a unos hilos de plata, en especial a una bonita señora que tenía 100 años ella era muy fuerte ayudaba a quitarse la ropa, caminaba, seleccionaba muy bien la combinación de la ropa que se ponía a diario y se ponía un poco de maquillaje, y lo mejor: siempre sonreía. Ella todavía tenía fuerzas para caminar con la caminadora; y dos noches antes se levantó como a la 1 a.m. y caminó despacio por el pasillo, aun estando enferma del virus. Me daba mucha tristeza mirarla luchar contra este mal. Como a las 3 de la mañana se quedó medio dormida; y me sorprendió porque cuando la ayudé a llevarla a la cama, le tomé de la mano para levantarla y ella tenía un billete de un dólar bien doblado, y me lo dio y me regaló una sonrisa. Me quedé con ella mientras se dormía, y le dije.

—Vas a estar bien.

Porque eso era lo que deseaba de todo corazón. Salí de su cuarto a orar y lloré pidiéndole misericordia a Dios por todos los hilos de plata y para que terminaran los contagios. Dos noches después ella falleció a las 10:04. Fue muy triste ver que se llevaron su pequeño cuerpo. A las 11:50 falleció otra señora que no parecía que iba a perder la batalla ante este mal, pero su aliento de vida se había ido de su cuerpo; no sé por qué recuerdo muy bien su rostro que parecía como si solo estuviera dormida; se veía que se había ido en paz. Fue difícil ver que su hija tomó el riesgo para mirarla por última vez; ella lloraba y nos daba las gracias por todo lo que le ayudamos con su mamá.

En lo personal, fue una temporada compleja, pero también sé que Dios contestó las oraciones de todos los que nos unimos a clamar para que no continuaran los contagios en los hilos de plata y en todos los que estamos comprometidos a cuidar de ellos. Él me guardó en el hueco de Su mano, me dio las fuerzas para seguir ayudando a los hilos de plata, aun cuando tuvieron el virus; sé muy bien que solo mi Padre Todopoderoso lo hizo gracias a su infinita misericordia.

Mi trabajo no fue en vano porque mi jefa me mandó un mensaje que dice: «¡Gracias, Ana, por toda tu ayuda! ¡Fuiste como un salvavidas!» Y el otro que dice así: «Querida Ana, gracias por tu amabilidad, por todo lo que estás haciendo para cuidar a nuestros residentes. Estoy agradecida de tenerte en nuestro equipo». También fui reconocida en septiembre y diciembre de 2020, y enero de 2021, con el lema de la comunidad de Carlton Senior Living en San Leandro, California: «The Best Of The Best, Love, Honor, Provide»; y que son parte de los elogios que incluí al principio del libro; pero yo reconozco que todo se lo debo a Dios,

Cuando recibo estos reconocimientos solamente puedo darle gracias a Dios, porque sin la sabiduría, la paz, las fuerzas y la gracia de mi Padre Celestial, no lo hubiera hecho. Él siempre escucha la voz de mis oraciones; por la abundancia de Su misericordia estoy de pie porque su diestra me sostiene; siempre le alabaré con todo mi corazón porque grandes son sus maravillas y solo con su presencia tengo gozo. Gracias, porque Su Palabra me infunde aliento y no me deja desmayar, sino al contrario, cada día renueva mis fuerzas y añade días a mi vida y bajo sus alas me permite habitar.

Dios nos habla en Su Palabra que nos cuida; y cuando decidí seguir ayudando, le dije a Dios: «Padre, en sus manos estoy y que se haga su voluntad y no la mía; solo sé que, si el virus me da, usted va a guardar mi vida». Llame a mi pastora de la iglesia y Dios me habló por medio ella en un mensaje que textualmente dice: «Hermana Ana, Dios le dará inmunidad contra esa enfermedad, porque usted es una mujer que sirve a Dios sirviendo a los demás».

Dios es mi guardador y bajo sus alas, mi familia y yo estaremos siempre seguros. Por todo su amor y sus cuidados nunca me canso de darle las gracias porque no solo me guarda de este mal, sino que siempre tuvimos pan en nuestra mesa, un lugar para vivir, y bendiciones envueltas en oportunidades para salir adelante.

Un ángel llamado Rebeca Segebre

Hace muchos años, cuando crucé a los EE.UU. viví experiencias muy fuertes y donde sé que Dios cuidó de mí. Cuando se lo conté a mi hermano

Óscar, me dijo que yo podía escribir un libro; pero no era el plan ni el tiempo de Dios, y nunca lo hice. Después vino una inquietud de hacer un libro del testimonio de cómo Dios mandó un ángel para reconciliación y mi salvación y la de mi familia hace unos diez años, cuando falleció mi nieta que también tenía diez años; pero tampoco lo escribí, a nadie se lo dije.

Tras cinco años de dar asistencia a los hilos de plata y cuando pasaba los días más difíciles de la pandemia, una mañana me desperté y fui al cuarto de mi segunda hija, y le dije:

—Este día ha venido un pensamiento de Dios para mí de escribir un libro acerca de mi trabajo.

Y ella me dijo:

—Pues ora a Dios, que Él te guíe y te dé la oportunidad de hacerlo.

Pasaron como dos meses, la noche del 16 de septiembre, como a las 2:30 de la madrugada que estaba en mi tiempo de comer porque trabajaba un turno de noche, abrí mi teléfono para revisar Facebook y lo primero que vi fue un mensaje de Rebeca Segebre, el ángel que Dios mandó a mi camino. Ella decía en el video:

—Si tienes el sueño de escribir un libro, te invito

a mirar mis videos, y si me interesa puedes seguir y registrarte en la academia para hacer realidad tu sueño de escribir tu libro.

Ahora tenía una decisión qué tomar. ¿Cuál sería el primer libro que iba a escribir? Y de los otros dos libros tenía los títulos, pero de este libro no. Otra mañana me desperté con un versículo de la Biblia que está en Proverbios, y este me llevó a escribir el título del libro. No sé si hay libros que hablen acerca de la importancia y de cómo cuidar a las personas de la tercera edad, creo que a lo mejor sí los hay, pero igual este fue el libro que Dios me dio la dirección para escribir y crear consciencia a todas aquellas personas que cuidan de los hilos de plata a tratarlos con amor, bondad, dignidad y respeto, y no pensar en ellos como una pesada carga u obligación, sino a disfrutar con ellos sus repetidas historias, hacerlos sonreír, porque sabemos muy bien que una palabra generosa, un abrazo y una sonrisa hace sentir bien a todas las personas.

CUIDAR DE LOS HILOS DE PLATA REQUIERE:

• Compasión en todo tiempo.

• Orar por el bienestar de ellos y los cuidadores.

• Razón para tratarlos con dignidad porque son personas.

• Amor, el amor incondicional que viene de Dios.

• Proveerles zonas de bienestar, confianza y seguridad.

• Obrar con la regla de oro, como queremos que nos traten.

• Nuevas oportunidades para abrigarlos con bondad.

Aunque sé muy bien que hay días difíciles, el Espíritu Santo nos da la paz, la paciencia y el amor para hacerlo de lo mejor a lo excelente. Cuando haces bien tu labor, ellos se llevan de ti un recuerdo agradable que fuiste como un ángel para ellos, y dejan en tu corazón recuerdos a los que yo le llamo *momentos que valen oro.*

Reflexionando

....

....

....

....

....

....

....

....

....

....

....

....

....

....

....

....

....

CAPÍTULO X

Momentos de oro

Son muchos los momentos que valen oro que he vivido y disfruto con los hilos de plata que podría hacer otro libro con todos estos hermosos recuerdos; pero te voy a compartir solamente algunos:

Con mi estimada Catherine Koplos

Cuando veces soy su asistente me pregunta si ya cené, sino ella me comparte la mitad de su plato, y cuando le contesto que «sí», me dice:

—¿Estás segura? —Y me ofrece una galletica griega que hace su hermana.

Luego me pregunta si todos los residentes a quienes ayudo me dan las gracias y le digo que no todos, y dice bien seria:

—¿Cómo? No, eso no está bien. Mi mamá me enseñó que debemos ser amables; ella es mi gran ejemplo que la amabilidad y la generosidad de las personas siempre se practica, no importa la edad.

Con la dulce Dorothy G.

Incontables fueron los besos que recibí en mi frente y los abrazos que ella me dio; aun después de muchos años la recuerdo.

Monika Stelly

Quien confió en mí las primeras veces que le ayudé, porque ella necesita usar una tabla para pasarse de la silla de ruedas a su cama y viceversa. Fui sincera con ella, le dije que nunca lo había hecho y me sentía un poco nerviosa, pero ella me dijo:

—No te preocupes, vas aprender y lo vas hacer bien.

Sus palabras me dieron confianza y también fueron un desafío para aprender algo más para ayudarlos.

Judith

La elegante dama que tiene unas manos

maravillosas para tejer bufandas, y no solo las hace, sino que también las regala a otros residentes. Un día que le entregue unos paquetes del correo, me ofreció una bufanda y me dijo que yo podía elegir el color. Me hizo sentir tan especial con su regalo; y aprendí que, si sabes hacer algo, lo puedes seguir haciendo aun cuando tus cabellos se han pintado de hilos de plata.

Mary Schwab

Tuve la oportunidad de recibir las bendiciones de Mary cuando la ayudé mientras tenía la COVID-19, y me sentí realmente bendecida y sorprendida de ella porque aún enferma, cada vez que le daba agua, la llevaba al baño, le daba de comer o cualquier cosa que le hacía, me decía:

—¡Dios te bendiga!

Hay días que le ayudo y siempre recibo sus bendiciones.

William Wagner, mi presentador

A quien ayudé el primer día haciendo mi entrenamiento en Carlton, nunca olvidó mi nombre y desde ese día él me presenta con todos y les dice que me llamo Ana. Él es muy amable, siempre dispuesto para ayudarlos y es como un gran líder, le gusta hacer reuniones para leer y contar historias para ellos. Lo admiro mucho por su forma de ser y el espíritu que tiene a su edad. Él me escribió un hermoso elogio que me hizo llorar de alegría por lo que dice.

William Warner, my valentine

A quien con la ayuda de Dios le ayudé cuando tenía la COVID-19, y quien, a pesar de estar enfermo, siempre fue amable conmigo. Él me sorprendió en febrero de 2021, me regaló una tarjeta bonita que tiene unos dibujos de una papa entera y un cartón de leche tomados de la mano, y hay un texto que dice: «We Go Together like this» (Nosotros vamos juntos así). Creo que todos sabemos que se necesita leche para hacer el famoso puré de papas; y pienso que él me quiere decir que estuvimos juntos cuando estaba enfermo.

Es por todas estas hermosas y bendecidas experiencias que sé que Dios va conmigo tomando mi mano cada día para demostrar amor, bondad y tratarlos con respeto, y gracias a estos instantes ahora tengo en mi mente muchos momentos que valen oro; y me gustaría hacerte parte de una petición especial.

Mirella Ripella

A esta alegre dama que yo le llamo con amor *Mamma Mia!*, siempre que nos encontramos me dice sonriendo: «¡no corras, no corras, camina despacio!» luego le gusta que yo le haga pasos del baile del flamenco, se ríe mucho y me dice: «¡woooo, wooo, no tengo dinero sino te daba!» su espíritu alegre me contagia. Ella es de descendencia española, y habla algunas palabras en español.

CAPÍTULO XI

Una petición especial

Esta parte, el último contenido de mi libro, no es porque sea menos importante, sino todo lo contrario, y lo escribo con el deseo de mi corazón que así lo hagamos.

Cuidar a las personas mayores me hizo cambiar el contexto del versículo de Mateo 18:5, que dice: «Y cualquiera que reciba en mi nombre a un niño como a este, a mí me recibe». ¿Por qué lo digo? Te cuento, fui maestra de la escuela dominical durante cuatro años, y aprendí mucho con los niños; ellos son sinceros, tienen una fe genuina; y la enorme diferencia que hay entre los niños y los adultos mayores es que los pequeños tienen la confianza y la seguridad que tienen una madre o padre que vela por su bienestar.

Se conmueve mi corazón cuando los escucho recordar las historias de sus padres, y hasta a veces me preguntan si he visto a su mamá o a su papá. Es por eso que tengo una petición especial, y me gustaría que fueras parte de ella, y es la siguiente:

oremos sin cesar por la vida, el bienestar de las personas de la tercera edad, por sus familias y los cuidadores y todas aquellas personas que trabajan en dichas comunidades, porque en esos lugares también hay recepcionistas, cocineros, meseros, técnicos que dan medicina, enfermeros, personas que hacen la limpieza, de lavandería, de mantenimiento, y personal administrativo; absolutamente todos debemos estar en la misma sincronía para dejar en sus vidas días llenos de amor, alegrías y esperanza.

Para ti que eres hijo, hija, nieto, nieta, sobrino, sobrina, hermana, hermano, pídele a Dios la paciencia, la amabilidad y las fuerzas para cuidar y amar a estas maravillosas personas que Dios te ha dado un privilegio divino de tener; y siempre tratarlos con amor, respeto y comprensión para que se puedan sentir seguros.

Disfruto mucho con los hilos de plata que le pido mi Padre Celestial que siempre me dé las fuerzas para ayudarlos, y que en el futuro pueda suplir mis necesidades trabajando con salario solo tres días y dos días ser voluntaria y así disfrutar aún más con ellos.

Te invito a hacerlo. Hay muchas comunidades de personas mayores donde puedes dar tu servicio como voluntario para brindarles asistencia. Si piensas como yo pensaba, que es difícil, hoy te digo que no hay nada que no podamos hacer con la ayuda de Dios. Ahora yo no tengo palabras para agradecerle por darme esta hermosa oportunidad de cuidarlos y también de conocer a una nueva y maravillosa familia.

«Trabajen de buena gana en todo lo que hagan, como si fuera para el Señor y no para la gente».
Colosenses 3:23

Acerca de la autora

Ana Ester Roque es de San Salvador, El Salvador. Ha trabajado como ejecutiva de ventas por más de veinte años; y en los últimos siete, Dios le dio la oportunidad de trabajar con personas de la tercera edad. Más que un trabajo, para ella es un lugar de servicio a Dios y al prójimo. Es su deseo inspirar a familiares y cuidadores a apreciar este servicio y las personas especiales que cuidan. Ella es miembro destacado de la *Academia Escribe y Publica tu pasión* y líder de un grupo *Mujer valiosa* en Hayward, California, donde vive con su familia.

Para más información y contacto escribe a:

Ana Ester Roque
reynaester10@gmail.com

NOTAS

....

....

....

....

....

....

....

....

....

....

....

....

....

....

....

....

....